Mission Catholique de l'Emyrne

A TRAVERS

LA

Mission Catholique

DE MADAGASCAR CENTRAL

ABBEVILLE
IMPRIMERIE F. PAILLART

Mission Catholique de l'Emyrne

A TRAVERS LA Mission Catholique DE MADAGASCAR CENTRAL

ABBEVILLE
IMPRIMERIE F. PAILLART

P. LACOMME.

On célébrait récemment à Madagascar un cinquantenaire qui n'a rien de banal. Le 19 novembre 1854, le P. Lacomme s'embarquait à Dieppe, faisait le tour de l'Afrique, et, après trois mois d'une périlleuse traversée, débarquait enfin à la Réunion. Depuis cinquante ans, le vaillant missionnaire mène campagne; il n'a pas connu de congé; il n'a jamais revu la France.

C'est à la Réunion et à Sainte-Marie, terres françaises, que le P. Lacomme fit ses premières armes. En 1865, il fut nommé Préfet apostolique des Petites Iles (Nossi-Bé, Mayotte, etc.). Dieu seul pourrait dire ses tribulations et ses travaux pendant quinze ans. En 1879, les Jésuites, pour concentrer tous leurs efforts sur Madagascar, cédèrent les Petites Iles aux Pères du Saint-Esprit, et le P. Lacomme abandonna sa chère Nossi-Bé.

Pendant deux ans, il continua son ministère à la Réunion et à Sainte-Marie. Enfin, en janvier 1882, il prenait pied sur la grande Ile. Depuis cette époque, Tamatave ne connaît pas d'apôtre plus dévoué.

Le P. Lacomme porte allègrement le poids des ans, et sa verte vieillesse se repose de ses longs travaux passés par des fatigues nouvelles. Cependant, en 1904, la cécité menaçait de mettre un terme au zèle de l'ardent missionnaire. L'opération de la cataracte était urgente. Le docteur Thesen, directeur de l'hôpital norwégien d'Antsirabe, dont l'habileté est connue de tous à Madagascar, voulut bien s'en charger.

L'occasion était bonne de faire visiter au P. Lacomme la mission des hauts plateaux, qu'il n'avait jamais vue. Quelle joie ce serait pour tous les missionnaires de fêter les cinquante ans de leur vénérable ancien ! Pour les chrétiens, sa vue serait une prédication vivante. Joyeusement obéissant, le jubilaire se mit donc en route, en compagnie de son Supérieur général, le P. Bardon.

Des diverses étapes, le P. Lacomme écrivit à son Supérieur de Tamatave, le R. P. Freydier, ce qu'il voyait, ce qu'il entendait. Ce sont des extraits de ces lettres que nous publions aujourd'hui. Nous avons pensé qu'ils auraient quelque intérêt pour les bienfaiteurs et les amis de la mission de Madagascar central. Pour suivre plus facilement notre voyageur, on peut se représenter un grand quadrilatère, dont nous parcourrons avec lui les quatre côtés : Tamatave-Mananjary, Nord-Sud ; Mananjary-Fianarantsoa, Est-Ouest ; Fianarantsoa - Tananarive, Sud-Nord ; Tananarive-Tamatave, Ouest-Nord-Est.

A TRAVERS LA MISSION CATHOLIQUE
de Madagascar Central

Mananjary, le 26 décembre 1904.

Nous voici à Mananjary, depuis deux jours, après trente heures de traversée sur le *Pernambuco*, le R. P. Bardon en bonne santé, moi un peu fatigué par la mer. Vous savez que la rade de Mananjary a une mauvaise réputation bien méritée. Cependant nous n'avons pas trop à nous plaindre : nous n'avons mis qu'une heure et quart pour nous rendre du bord à terre ; le plus souvent on met deux et trois heures, quelquefois même il est impossible de débarquer.

Nous avons trouvé les PP. Fiévet et Boivin tout occupés des préparatifs de la fête de Noël. Le P. Bardon se mit lui-même aussitôt à l'ouvrage. Il examina quelques néophytes qui devaient faire la première communion, et acheva leur instruction.

Le jour de Noël, j'ai reçu la visite de mes anciens élèves de Tamatave et de leurs parents. Ils paraissaient heureux de me revoir, et je ne l'étais pas moins qu'eux. Ces jeunes gens occupent généralement de bonnes places, grâce à leur instruction et à l'avantage de parler les deux langues, le français et le malgache, avantage que n'ont pas ceux qui sortent de l'école protestante anglaise.

L'église de Mananjary, tant au spirituel qu'au matériel, se ressent encore de son jeune âge. Ce n'est guère que depuis 1896 qu'un Père y réside.

Il y a dans la population deux parties bien distinctes : la colonie étrangère, qu'on appelle *vazaha*, et les indigènes. Ceux-ci sont catholiques, protestants ou païens. Les *vazahas* sont presque tous catholiques. Grâce aux Sœurs de Saint-Joseph de Cluny, qui enseignent le catéchisme, et font aussi la classe à de petits garçons en attendant les Frères, les catholiques indigènes croissent en nombre et forment déjà un noyau respectable, aux dépens du temple protestant.

Le bâtiment de l'église se divise en deux parties : la nef centrale, reposant sur des colonnes en bois et couverte encore, hélas ! en feuilles de *ravinale*, comme les cases malgaches, et les deux bas-côtés qui sont plus récents. Ceux-ci sont couverts en tôle, mais reposent aussi sur le bois, avec des cloisons en *falafa* (1) doublés de bambous tressés. Heureusement que grâce à un jeune peintre hova, ancien élève du collège Saint-Michel de Tananarive, le sanctuaire a été transformé et donne un cachet d'élégance à cette pauvre église.

(1) Lattis fait avec une espèce de palmier.

La maison du Père est en tout digne de l'église : pauvre, étroite, et construite avec les éléments du pays, en tout semblable aux meilleures cases malgaches.

La ville *vazaha* est une véritable oasis : rues larges, droites, empierrées, où voitures et bicyclettes circulent facilement. La ville indigène, au contraire, est telle que la nature l'a faite. Elle a des rues larges et bien alignées sans doute, mais pleines d'un sable mouvant que le vent disperse dans les maisons. Ni arbres, ni végétation. Cependant on a commencé quelques plantations d'arbres.

L'avenir de Mananjary est très peu rassurant pour ses habitants. Resserrée entre le fleuve et la mer, cette ville est très exposée à disparaître un jour : chaque raz de marée en emporte une partie.

Les chercheurs d'or abondent dans les environs, mais les filons sont rares, et plus rares ceux qui les découvrent. C'est ce qui explique comment l'essor que Mananjary avait pris, il y a quelques années, s'est tout d'un coup arrêté avec sa prospérité, si j'en crois ce qui m'a été dit.

Nous voudrions bien partir demain, mais il faut compter avec nos porteurs. Jusqu'ici, ils allaient volontiers de Mananjary à Fianarantsoa pour 6 francs. Mais aujourd'hui qu'ils se voient peu nombreux, ils demandent le double. Le P. Bardon parlemente, *kabarise*.

Mardi, 27 décembre.

Enfin, l'accord est fait, car il faut bien partir. On leur accorde 9 fr. 50 qui est leur dernier prix. De crainte qu'ils ne se dédisent, nous partons de suite, P. Bardon, P. Boivin et vôtre serviteur. Il est 4 heures du soir.

Nous bivouaquons à *Marofody* (1) (beaucoup de *fody*). Le *fody* est le petit oiseau qu'on appelle cardinal à cause de la robe rouge dont le mâle se revêt à la saison chaude. C'est le grand ennemi des rizières. Je suppose qu'il y a beaucoup de *fody* par ici, comme le nom du village l'indique ; en tout cas il y a beaucoup de rizières.

Mercredi, 28 décembre.

La route est bonne, pas large, mais bien entretenue. C'est une merveille à côté des anciens sentiers malgaches. Nous nous élevons graduellement vers Fianarantsoa, qui est à 1200 mètres.

Le pays est sans cultures ; seulement quelques forêts de bambous, de roseaux, etc. Mais après quelques heures, plus un arbre, sauf de temps en temps autour de la maison d'un administrateur ou d'un colon.

Vers 5 heures, nous stoppons à *Antsenavolo* (*au marché des bambous*).

Jeudi, 29 décembre.

Le pays est de plus en plus accidenté. A tout venant des côtes à monter ou à descendre. Entre

(1) En malgache *o* se prononce *ou*.

une et deux heures, bien fatigués et presque à jeun, nous arrivons à *Ankofafamalemy*. Là se terminent la province de Mananjary et la région des Betsimisaraka. Au delà, séparés par une chaîne de montagnes, sont les Tanala et la province de Fianarantsoa. *Ankofafamalemy* signifie *au balai doux*. C'est sans doute parce que les habitants usent beaucoup de cet instrument. Le fait est que, vers 4 heures, nous les voyons s'armer d'un balai, et balayer autour de leurs cases avec une ardeur qu'on n'aurait pu supposer pour un tel exercice.

Vendredi, 30 décembre.

En route comme la veille dès 3 h. 1/2 du matin ; 54 kilomètres à faire jusqu'à *Ranomafana*. Nous sommes chez les Tanala, c'est-à-dire chez *ceux qui habitent dans la forêt ;* mais, de la forêt, il ne reste plus que des lambeaux, le reste ayant été défriché par les habitants. Les montées et les descentes sont de plus en plus fortes, car le pays est très montagneux.

On déjeune sur le pouce dans une des premières chrétientés du P. Murat, à 58 kilomètres d'*Alakamisy*, chef-lieu de son district. Les chrétiens nous reçoivent joyeusement et nous offrent des œufs et du riz. Le chef du village n'est encore que catéchumène. C'est lui cependant qui a appelé le Père, et qui lui a construit l'église et l'école.

A 5 h. 1/2 nous arrivons à *Ranomafana* (*eaux chaudes ;* ces eaux attirent ici des malades). Le maître d'école prend aussitôt sa cornemuse, je veux dire la corne de bœuf qui fait office de cloche, et bientôt tous les enfants et les chrétiens nous entourent, en témoignant un vif contentement de nous voir. C'est une des meilleures chrétientés du P. Murat. Le P. Boivin, par sa jeunesse et sa bonne mine, gagne toutes les sympathies. « Oh ! envoyez-nous ce Père, disent-ils au P. Bardon, quand il aura vu Fianarantsoa, afin qu'il reste avec nous, car beaucoup de Tanala veulent prier. »

C'était l'heure de la prière du soir. Le maître d'école en donne le signal et tous entrent à l'église. Après la prière, le R. P. Bardon les interroge sur le catéchisme, leur fait une petite instruction et leur dit de chanter ; ils le font très volontiers, car ils aiment beaucoup les cantiques.

Ranomafana est le dernier village des Tanala, séparés des Betsileos par une nouvelle chaîne de montagnes très hautes. Il nous faudra la gravir par une montée de 12 kilomètres.

Samedi, 31 décembre.

Nous partons à 3 heures du matin, plongés dans un épais brouillard, très fréquent dans ces hautes régions.

Le soir, à 4 h. 1/2, nous entrons à *Alakamisy* (c'est-à-dire *jeudi*, parce que le marché s'y tient le jeudi). C'est une jolie ville, habitée surtout par les Hovas. Nous sommes à 180 kilomètres de Mananary ; il n'y en a plus que 25 jusqu'à Fianarantsoa.

Le P. Murat est absent, mais nous nous installons dans sa maison comme chez nous. Les enfants des écoles sont bientôt là ; ils chantent à ravir. Puis, ce sont les chrétiens, tout heureux de revoir le P. Bardon, qu'ils connaissent de longue date. A leur tour, ces braves gens, voyant le P. Boivin qui payait de bonne mine, prient le P. Supérieur de le leur laisser pour aider le P. Murat, qui les quitte trop souvent pour aller évangéliser les autres chrétientés de son district. Le Père leur donne quelque espoir pour l'avenir. *Messis quidem multa, operarii autem pauci.*

Quand les chrétiens se sont retirés, nous passons au jardin du Père. Jugez de ma surprise quand je me vois en face d'une magnifique vigne chargée de raisins. Depuis mon départ de France, je n'en avais jamais tant vu.

Après souper, me souvenant que dans nos maisons on se réunit auprès du Supérieur pour lui souhaiter la bonne année, en qualité de plus ancien, je ne voulus pas manquer à mon devoir. Le bon Père fut surpris, car il ne s'y attendait pas.

Dimanche, 1er janvier 1905.

10 heures, voici Fianarantsoa. Vous devinez notre joie et celle de tous les Pères et Frères. De la porte à l'intérieur de la maison, ce ne sont qu'embrassades fraternelles. Nous sommes à peine assis que les gouverneurs indigènes, tous

catholiques, après avoir visité M. l'Administrateur, se présentent pour offrir au R. P. Bardon leurs vœux de bonne année. D'autres visites se succèdent dans la soirée.

Fianarantsoa, le 9 janvier 1905.

Fianarantsoa (*bonne instruction*) est la capitale des Betsileos, le meilleur pays, dit-on, sinon de tout Madagascar, du moins de l'intérieur, tant pour la bonté de son climat que pour la fertilité du sol.

Les Betsileos diffèrent totalement des indigènes des basses régions, que nous venons de traverser. Les Betsimisaraka, vous le savez, et les Tanala se construisent des cases très légères avec les éléments que le pays leur fournit, c'est-à-dire du bois, de grandes feuilles de *ravinala* et des roseaux. Ils s'habillent d'une *rabane*, toile tissée par les femmes avec les fibres du *raphia* et coupée en forme de vareuse.

Les Betsileos qui ont à se garantir contre le froid, une partie de l'année, font leurs maisons en terre, avec très peu d'ouvertures. J'en ai vu beaucoup qui n'avaient que la porte. Comme la terre est rouge, toutes les maisons sont de cette couleur, ce qui donne un aspect singulier aux villages. En fait d'habillement, ils ont une grande pièce d'étoffe blanche (*lamba*) dans laquelle ils se drapent. Le *lamba* est commun aux hommes et aux femmes, si bien qu'à l'église, de la tribune où j'étais, je n'ai pu les distinguer qu'au moment de la communion, alors que le sexe pieux s'est revêtu du voile blanc.

Fianarantsoa est une ville *sui generis*, construite sur un mamelon, avec les désavantages de cette situation, car il faut toujours monter ou descendre. Heureusement, depuis l'occupation française, de larges et bonnes rues ont remplacé les raidillons du temps des Hovas. Il y a quelques belles maisons en briques et couvertes en tuiles.

Mais le monument unique de la ville et de tout le pays, c'est notre église, vraie petite cathédrale de style roman qui n'attend que son évêque. Un officier du génie n'y trouvait rien à reprendre au point de vue architectural. Vous savez que c'est notre bon P. Alphonse Taïx, votre ancien professeur, qui en est l'architecte. Son riche autel en cuivre doré, ses vitraux merveilleux, ses belles peintures dues au même Père, ses deux tourelles élancées font honneur à notre sainte religion, et la généreuse bienfaitrice qui a fourni les fonds a bien mérité de la mission. Son œuvre sera pendant de longues années la meilleure des prédications.

Cette prédication, ils la comprennent, ces bons Betsileos. J'ai été bien ému en voyant tant de fidèles assister aux offices du matin et du soir, hier dimanche; ému aussi en entendant ces chants harmonieux, qui s'élèvent de la poitrine de tous ces chrétiens.

Les écoles de la mission, dirigées par les Frères et les Sœurs, sont très fréquentées, et, comme à Tamatave, c'est la source de nouveaux chrétiens, malgré la faveur dont jouissent les écoles officielles et protestantes.

Les environs de la ville sont boisés d'eucalyptus généralement. On y voit aussi beaucoup de rizières. Le riz est la principale et presque l'unique culture des Betsileos. Plusieurs cependant y ajoutent le *mangahazo* (manioc) et les *vomanga* (patates), dont ils engraissent leurs animaux.

La plus grande partie du pays est inculte. La terre est peu fertile et rien n'est fait pour l'améliorer. C'est apathie et insouciance; puis, ces gens là se contentent de si peu ! Du reste, produiraient-ils davantage, il leur est jusqu'à présent bien difficile d'écouler leurs produits. Par contre, les trois propriétés de la mission que j'ai visitées sont riches de plantations de toute espèce. La vigne promet en particulier une belle récolte.

J'ai visité avec beaucoup d'intérêt notre léproserie. Je les ai vus, ces pauvres lépreux, cherchant à se réchauffer aux rayons du soleil, car ils sont très sensibles au froid. Ils portent sur leur figure un air de tristesse, que l'on comprend sans peine. Mais le sourire a pourtant paru sur leurs lèvres dévorées par la lèpre, lorsqu'ils ont vu l'aumône de 10 francs que j'étais chargé de leur faire. Cette petite somme leur permettra d'acheter un porc pour faire un bon régal. Ils sont encore peu nombreux.

Mais bientôt les bâtiments que le P. Beyzim fait construire pourront recevoir de deux à trois cents lépreux de l'un et l'autre sexe. Ce sont deux vrais monastères. Reste à savoir si les lépreux ne demanderont pas un peu plus de liberté. L'avenir le fera voir.

Fianarantsoa, le 16 janvier 1905.

Le 11 janvier, jour de la réunion mensuelle, on a fêté mes cinquante ans de mission. En toute simplicité je vous donne quelques détails, afin que vous sachiez ce qui vous attend quand vous arriverez à votre cinquantenaire. *Faxit Deus !*

C'était un mercredi. La fête avait été annoncée le dimanche précédent. A 8 heures, les chrétiens et les écoles remplissaient l'église, ornée comme aux plus grandes solennités. Le R. P. Bardon était à l'autel, assisté par les PP. Faure et Valette, deux barbes fleuries comme moi, deux anciens compagnons de Mayotte et de Tamatave. La messe était chantée en musique par les chrétiens, la plupart anciens élèves. Depuis longtemps ils la savent par cœur.

Et moi, à genoux sur un prie-Dieu bien drapé, au milieu du sanctuaire, je suivais non sans quelque émotion les saintes cérémonies de l'autel. Les vingt Pères de cette partie de la mission, en surplis, étaient rangés sur les deux côtés du chœur, pendant que le P. Venance Manifatra, mon enfant de Nossi-bé, dirigeait le chant. Il me semblait que j'étais là comme à l'exercice de modestie, au noviciat, alors que le patient s'entend dire autre chose que ses vertus. J'étais, hélas! bien loin du noviciat.

A l'offertoire, quel ne fut pas mon étonnement de voir le diacre venir me donner deux coups d'encensoir, et à la communion m'apporter la paix. J'étais loin de m'attendre à tant d'honneur.

Après la messe je donnai la bénédiction solennelle. J'avais encore deux autres barbes blanches pour diacre et sous-diacre. A la sacristie tous les Pères et Frères se réunirent autour de moi et m'embrassèrent affectueusement. Je goûtai une fois de plus : *quam bonum et quam jucundum habitare fratres in unum.*

Après le spirituel, le matériel. A 11 heures le réfectoire était converti en salle verte et fleurie. Les fleurs étaient venues un peu de tout côté. Il y en avait partout : bouquets géants sur les tables, plats même fleuris.

Soudain, on annonce un télégramme de Mgr Cazet : *Deo gratias*, félicitations *ad longos annos!* Un instant après, un autre de M. Plasse, directeur du Comptoir d'Escompte de Tananarive, un vieil ami de Tamatave. Puis, c'est le tour des chanteurs et des poètes de céans. Tous, à qui mieux mieux, s'évertuent à dire les choses les plus aimables, quelquefois même un peu hasardées. Mais la charité est si ingénieuse et si prodigue! Le clou de ce tournoi pacifique fut sans contredit le *Clairon* du P. de Coëtlosquet, dix fois applaudi. Entre temps, le petit orchestre du P. Venance nous charmait par ses mélodieuses harmonies.

Pour n'être pas interminable, je ne vous parle pas des séances que voulurent me donner les enfants des Frères et des Sœurs et nos grands Normaliens. Chants, musique, compliments, scènes variées en français et en malgache : mon Dieu ! que n'avait pas imaginé l'industrieuse charité de la bonne Mère Marie-Anne et du cher F. Honorius.

J'ai accepté tout cela aussi simplement que je vous l'écris. Ce sont les cinquante ans qu'on fêtait, moi, je ne suis que le mannequin.

Ambositra, le 22 janvier 1905.

Le 18, nous quittions Fianarantsoa, le R. P. Bardon, votre serviteur et deux Sœurs de Saint-Joseph. L'une malade allait voir comme moi le Dr Thesen et la Mère Marie-Anne l'accompagnait. Avec nos porteurs cela faisait une petite caravane de trente-cinq personnes, de quoi tenir en respect les coupe-jarrets s'il y en avait eu.

Vers 5 heures du soir, nous étions en face d'*Ambohimasina*. De l'autre côté de la rivière qui nous en séparait, un groupe d'enfants nous attendait malgré la pluie. Dès que nous sommes à portée, des *bézour mompera* éclatent joyeux de toutes parts. Un autre groupe d'enfants se tenait à l'entrée du bourg, et un troisième au milieu. Tout ce petit monde en piaillant nous fit cortège jusqu'à la maison du missionnaire.

Le bon P. Arnal s'était mis en quatre pour nous bien recevoir. Il avait dévalisé son poulailler, « tuant le coq et la poule, disait-il, pour faire honneur à ses hôtes ». Le vieux coq paraît en effet sur la table; mais, quand il fallut y mordre, on se demanda si maître coq n'avait pas fait lui aussi son cinquantenaire ! Cependant, dit le P. Arnal, j'avais bien recommandé à mon cuisinier de le tuer hier; mais ce matin encore je l'entendais chanter le réveil.

Ambohimasina veut dire *colline*, et par extension *village saint* ou *salé* comme on voudra. Autrefois les villages étaient en général bâtis sur des hauteurs, qu'un large et profond fossé protégeait contre les incursions des *fahavalos* (ennemis). *Ambohimasina* est aujourd'hui une petite ville, chef-lieu de district, avec un marché et un bureau de poste. Les missionnaires y sont établis depuis longtemps; ils y ont fait des plantations d'arbres, surtout d'eucalyptus, qui sont devenus énormes. Les administrateurs ont fait de même, et cette petite cité est devenue une oasis dans ce pays dénudé.

Le jeudi, nous étions avant midi chez le P. Delemme à *Alarobia*. Sa maison est misérable et nous étions serrés autour de sa petite table. Le bon Père a travaillé à la maison du bon Dieu avant de s'occuper de la sienne. Il vient de construire une belle église : joli clocher, flèche élancée, il n'y manque qu'une cloche.

Sa chrétienté est jeune encore mais pleine d'espérance, malgré le temple luthérien qui est à côté, petite bicoque, comparé à l'église. Le marché se tient le mercredi, d'où le nom d'*Alarobia.* C'est l'occasion de plus d'un petit désordre ici comme ailleurs, mais qu'y faire ?

Nous reprenons notre route à midi comme tous les jours, afin d'éviter l'orage qui arrive ordinairement vers la fin de la soirée, et à 4 heures nous entrons à *Fiadanana* (*prospérité, paix*). Les enfants sortent de l'école et courent à notre rencontre. Le P. Bardon les conduit à l'église : catéchisme, instruction comme d'ordinaire, et à la fin quelques cantiques qu'ils chantent sans se faire prier. Il n'y a pas de protestants dans ce village. Tous les habitants sont fervents catholiques ou adhérents, bien que le Père n'y réside pas.

Encore une étape et nous arrivons à Ambositra. Le P. Chesnay est venu au-devant de nous, monté sur son magnifique cheval blanc. Il ouvre la marche à la petite caravane et il me semble qu'on nous regarde avec quelque curiosité quand nous traversons la ville. Nous trouvons là le P. Villaume tout empressé à nous servir. Le vieux P. Pierre Caussèque sort de l'église pour nous sauter au cou. Ses quarante et quelques années de mission ne lui pèsent pas trop. Le P. Peyrilhe est là aussi, il vient d'arriver de son district tout malade.

Ambositra le dispute à Fianarantsoa par ses rues, ses belles maisons et surtout par ses visées ambitieuses. C'est aux mines d'or que la ville doit son extension, mais ici comme ailleurs il y a eu quelques déceptions.

Ambositra est sur les flancs d'un mamelon. Au sommet, le *rova*, ainsi appelé à cause de la palissade en bois pointus qui l'entoure. C'était autrefois le nom donné à la résidence du souverain, de certains princes et des gouverneurs. L'administrateur qui l'habite aujourd'hui l'a transformé en un beau jardin planté d'arbres et de fleurs. A propos de fleurs, je n'ai jamais tant vu de roses qu'en ce pays. Le long des chemins les rosiers forment des haies impénétrables. Il est vrai que ce n'est pas la belle rose que l'on cultive dans nos parterres.

La chrétienté d'Ambositra est une des premières fondées. Aussi les fidèles sont nombreux et fervents. Elle eut pour fondateur, comme vous le savez, l'inoubliable P. de Batz, qui mourut à Mananjary victime de la haine du gouverneur hova qui l'avait expulsé et des mauvais traitements de ses sbires. L'instituteur qu'il avait formé et mis à sa place, en partant, le brave Benoît, mérite une mention honorable pour sa fidélité et son courage ; car il continua durant la guerre — la première, de 1883 — à faire la classe aux garçons, pendant que sa femme la faisait aux jeunes filles. Depuis, il a toujours servi la mission ; actuellement il est inspecteur de nos écoles dans tout le district.

Nos Pères ont un vaste emplacement qui leur donne les avantages de la campagne. Ils y ont fait des plantations de caféiers et d'autres arbres utiles. La vigne y pousse bien. Ils comptaient faire une belle récolte de vin, mais la grêle a ruiné leurs espérances ; ils en auront à peine assez pour la messe.

Je termine par une scène dont je viens d'être témoin. Au sortir de la bénédiction du Saint-Sacrement, les chrétiens se sont réunis par groupes devant la maison des Pères : les femmes à droite, les hommes à gauche et les enfants au milieu, formant ainsi un fer à cheval compact. Ils venaient saluer le R. P. Bardon, qu'ils connaissent bien, car c'est à Ambositra que le Père a débuté comme missionnaire.

Quand tout le monde est rangé, un orateur, au nom de tous, pérore pendant un bon quart d'heure. Il dit assurément de belles choses, car tout le monde approuve en souriant, même les enfants. Il termine, comme dans tous les *kabary*, en élevant la voix : « *Tsy izany?* n'est-ce pas cela ? » — Et tous de répondre sur le même ton : « *Izany!* c'est cela ! » Alors on produit devant lui deux béliers, qu'on avait dissimulés sous les lambas, et il les offre au R. P. Bardon. Cependant, je pense bien qu'il y en avait un pour moi, car le Père, après les avoir remerciés, leur raconte l'histoire de votre serviteur. Ils me regardent tous avec une certaine curiosité et un certain intérêt. J'avais gagné leurs sympathies.

Pendant ce temps un combat terrible se livre près de nous. Le bélier que Benoît avait offert la veille au R. P. Bardon, en mémoire des cinquante ans d'âge qu'il accomplissait, lui, en ce même jour, fonce ferme sur les nouveaux venus. Il faut les séparer à force de bras.

Nous avons hâte de partir pour être au rendez-vous du docteur Thesen. Demain donc, lundi, après deux jours délicieux passés à Ambositra, nous prendrons la route d'Antsirabe.

Antsirabe, le 25 janvier 1905.

Nous partons d'Ambositra enveloppés d'un épais brouillard, dont il faut nous garantir à l'aide du parapluie. Mais à 8 heures le soleil apparaît dans tout son éclat. Ce n'est pas de bon augure pour la fin de la journée.

En approchant d'*Ilaka*, nous voyons venir à notre rencontre le P. Leroy, à la tête de ses enfants qui chantent. D'autres, qui nous suivaient déjà, se mettent à l'unisson, de sorte que notre entrée à *Ilaka* est vraiment ravissante de solennité. Beaucoup de chrétiens nous accompagnent. Ces braves gens n'avaient jamais vu tant de représentants de la mission : trois Pères et deux religieuses. C'était elles surtout qui attiraient les regards.

A l'église, instruction, chants comme d'habitude; on va sortir, mais voilà que le chef des écoles se lève et pérore avec éloquence pendant un quart d'heure. Il s'agit de persuader au R. P. Bardon qu'*Ilaka* est digne d'avoir un second missionnaire en permanence par son importance, par ceci, par cela. P. Bardon, hélas! connaît ces discours-là depuis longtemps et aussi la réponse qu'il y faut faire.

Il est 1 heure. Nous allons nous mettre à table (une table empruntée ainsi que les chaises) quand paraissent quelques-uns des principaux de la chrétienté qui viennent faire le cadeau d'usage. Cette fois, c'est un gros dindon flanqué de deux poulets. Nous partirons évidemment trop tard pour éviter l'orage.

Et en effet dès 3 heures on entend des coups de tonnerre peu rassurants; à 4 heures éclate un orage comme j'en ai vu rarement, même sous les tropiques. Des torrents d'eau (sans hyperbole) changent rapidement les chemins en ruisseaux, les ruisseaux en rivières. C'est bientôt une véritable inondation dans la vallée où nous cheminons. Si nous ne devions pas nous cramponner au filanjana par crainte d'une glissade imprévue des porteurs, nous pourrions admirer le grondement et les éclats du tonnerre entre les montagnes, et sur leurs flancs les cascades bondissantes. Mais adieu la poésie! quand on risque un plongeon à chaque pas. Les deux Sœurs, s'oubliant elles-mêmes, étaient pleines de sollicitude pour moi qui paraissais souffrir de ce contretemps.

Nous étions près d'arriver à *Ambohimanjaka* où le P. Leroy nous avait préparé un bon gîte, et cela nous donnait du courage. Hélas! la rivière qui nous en séparait était tellement gonflée par la pluie qu'il nous fut impossible de la passer à gué. Force nous est de rétrograder et d'aller bivouaquer sur un petit mamelon où nous apercevons deux cases.

Les habitants, fidèles aux lois de l'hospitalité malgache, nous laissent maîtres du logis. Nous montons au galetas par un escalier rudimentaire, taillé en partie dans le mur en terre de la maison, et par une ouverture fort étroite où le P. Bardon a bien de la peine à passer. Ce galetas est la vraie demeure des habitants pour la nuit. C'est ainsi que les Betsileos se prémunissent contre les *fahavalos* (ennemis). Des *fahavalos* d'un autre genre, hélas! y avaient déjà pris domicile. Astucieusement blottis sous les nattes propres qu'on avait étendues sur les vieilles pour nous, ils ne se priveront pas de nous dévorer pendant la nuit.

Le P. Leroy nous avait suivis à distance, à notre insu. Aussi sommes-nous bien surpris tout à coup de l'apercevoir qui chevauche vers la rivière infranchissable. Nous le hélons, et il vient nous rejoindre mouillé jusqu'aux os. J'avais une soutane de reste, il l'endosse, mais je suis petit et il est grand, et sa soutanelle ne laisse pas de nous réjouir quelque peu.

Nous allions prendre notre dîner bien froid quand un porteur des Sœurs nous offre de leur part un bon potage et un plat de ces fines herbes que nous appelons brèdes, accompagné du riz cuit à la malgache. Dans leur délicate charité elles avaient su s'industrier, avec la maîtresse du logis, pour nous procurer ces douceurs, qu'elles s'étaient refusées à elles-mêmes.

Le lendemain nous passons sans difficulté la rivière qui nous avait arrêtés la veille. Au *Manambona*, nouvelle déception. Le fleuve débordé couvrait toute la vallée. Le bac voguait à la dérive à moitié démoli. On trouve enfin une pirogue qui nous passe en six fois, non sans danger, car le courant, au milieu du fleuve, est très violent.

Nous entrions dans le district des Pères de la Salette. Vers 10 h. 1/2, nous voyons descendre vers nous d'un village élevé un missionnaire à la barbe longue et rousse. C'est le P. Mistral, qui visite les chrétientés de cette région.

Après un moment de répit, nous poussons plus loin pour aller déjeuner dans un autre village, construit sur une hauteur. Nous allons droit à ce que nous pensions être la case des *vahiny* (voyageurs), mais nous sommes reçus par une jeune femme bien mise, qui nous dit : « *Mandrosoa Mompera*, avancez, mon Père ; je suis une de vos enfants élevée par les Sœurs de Betafo, je m'appelle Marie-Romaine. » Le P. Bardon cause avec elle et lui demande si elle connaît une certaine Marguerite, élevée autrefois par les Sœurs de Tananarive et rentrée depuis dans sa famille en ce pays-ci. — Mais c'est ma mère, elle est ici, je vais l'appeler. Marguerite arrive, ayant un enfant à côté d'elle et un autre plus petit dans ses bras. Cette femme, nous dit plus tard le R. P. Bardon, a montré une fidélité admirable à sa foi. Sa famille est luthérienne, et a tout employé pour la faire apostasier, sans jamais y réussir. Mariée à un luthérien, non seulement elle a conservé sa foi, mais encore elle a fait baptiser à l'église catholique tous ses enfants. « Notre père est encore protestant, nous dit la jeune fille, cela nous fait beaucoup de peine, il faut prier pour lui. » Elles nous quittent quand arrive la caisse des provisions. Mais Marguerite revient bientôt nous apporter quelques œufs et un petit panier de pêches vermeilles.

Pendant ce temps la pluie tombait à torrents. A 2 heures elle cesse et nous nous mettons en route. Encore le *Manambona* à traverser. Heureusement, un pont misérable tient encore bon.

A 4 heures nous entrons dans la grande plaine d'Antsirabe. Elle serait splendide si elle était cultivée ou plantée d'arbres utiles, mais ce n'est qu'un immense pâturage; de-ci de-là quelques petits troupeaux de bœufs et quelques hameaux.

Nous marchons sur une belle route, entre deux rangées de lilas de Perse et de mimosas, qui donneront bientôt une ombre salutaire. Vers 6 heures seulement, nous mettons pied à terre à la porte de la Mission. Nous étions chez nous et nous nous sommes installés en conséquence.

Ce matin, le R. P. Bardon a écrit au Dr Thesen pour lui annoncer notre arrivée et lui demander quand il pourrait nous recevoir. — Dès ce matin, à 10 heures, à l'hôpital norwégien, a-t-il répondu de la manière la plus aimable. A 10 heures donc nous étions auprès de lui. Il a examiné mes yeux : le droit est mûr pour l'opération, mais non encore le gauche, qui me permet d'y voir un peu. Il m'a proposé, pour plus de facilité, d'entrer à l'hôpital, ce que j'ai accepté volontiers. Mais ce ne sera que dans quelques jours, pour donner aux paupières encore enflammées le temps de guérir.

Antsirabe, le 5 février 1905.

Antsirabe, qui signifie *là où il y a beaucoup de sel,* doit ce nom à une vraie source d'eau de Vichy qui suinte dans un bas-fond et qui a blanchi de son sel le sol environnant. Jusqu'ici on n'a rien fait pour la capter et en favoriser l'écoulement. Tout le monde en fait usage, car c'est un bien commun. A quelque distance se trouvent des sources thermales, déjà passablement fréquentées, et destinées sans aucun doute à être exploitées.

La ville, fort étendue à cause des jardins qui

embellissent les emplacements de la plupart des maisons, possède de belles rues bordées d'arbres et un grand boulevard qui la traverse d'une extrémité à l'autre. Cela, bien entendu, est dû à l'occupation française. Mais ce qui a donné à Antsirabe son importance actuelle, ce sont les gisements d'or et de pierres précieuses qu'on a découverts dans les environs. De l'or et des pierres précieuses, on en a trouvé très certainement, surtout de ces dernières. Pour mon compte, j'en ai vu de très belles. Mais, comme ailleurs, les déceptions ont fait reculer beaucoup de ceux que l'*auri sacra fames* avait attirés. Aussi pas mal de maisons restent fermées, en attendant l'arrivée d'autres prospecteurs.

Le climat ici, comme dans les autres hauts plateaux de l'intérieur, se divise en deux saisons bien distinctes : la saison pluvieuse, chaude en même temps, de novembre en avril, et la saison sèche d'avril à novembre. Si j'en juge par ce que je vois, la saison pluvieuse porte bien son nom ; tous les jours à peu près, orage, le soir ; souvent une pluie torrentielle couvre la terre d'une nappe d'eau qui s'écoule par de nombreux canaux, mais pas assez promptement pour empêcher les plantes délicates de périr. Le bon P. Prat a vu ainsi disparaître de belles planches de légumes.

La saison sèche est, m'a-t on dit, fraîche et même froide. La pluie y est inconnue; aussi toute végétation se trouve arrêtée à moins qu'on n'arrose. Quelle différence avec Tamatave qui a aussi ses deux saisons : la saison *pluvieuse* et la saison *des pluies* !

En fait de religion, Antsirabe a été longtemps la citadelle inaccessible du luthéranisme norwégien. Jamais nos Pères n'avaient pu y pénétrer. Mgr Cazet y étant passé dans un voyage, personne ne voulut le recevoir. Quand nos missionnaires, pour répondre à l'appel que leur adressaient les habitants de l'Ankaratra, voulurent s'établir à Betafo, les luthériens s'efforcèrent de les en empêcher, prétextant que les prédicants anglais s'étaient retirés pour leur abandonner à eux seuls toute cette région. Cet argument ne nous arrêta pas et nous prîmes parfaitement pied à Betafo et dans les environs, à la grande joie des habitants. Mais ce n'a été qu'après l'occupation française de l'île que les PP. Dupuy et Félix purent arriver jusque dans Antsirabe.

Nos Pères s'approchèrent par degrés de cette ville récalcitrante, en créant des chapelles et des écoles dans les villages voisins. A force de chercher, ils finirent par trouver un homme qui consentit à leur vendre un petit terrain dans la ville même. Dès lors la place était prise. Le vieux pasteur luthérien ne réussit pas à sauvegarder son bercail. Ses ouailles commencèrent à lui échapper, et elles continuèrent plus que jamais malgré les foudres d'excommunication qu'il leur lançait.

Vous savez sans doute qu'à cette époque, c'est-à-dire en 1897, Mgr Cazet, ne pouvant suffire avec nos Pères à évangéliser son vaste vicariat, proposa la mission de Betafo aux missionnaires de la Salette. Ceux-ci ont pris la succession des PP. Félix et Dupuy et l'ont considérablement agrandie. Nous n'avons qu'à nous féliciter de semblables aides C'est avec le meilleur esprit qu'ils se sont assimilés aux vieux missionnaires, et ils rivalisent avec eux de zèle et de dévouement. Le R. P. Dantin est le chef de cette vaillante petite troupe.

Antsirabe est évangélisé par le bon et grave P. Prat et par l'intrépide P. Mistral, qui est le plus souvent en course pour visiter ses chrétiens. Leur église assez belle est déjà trop étroite pour contenir les fidèles et les élèves des écoles, car leur nombre s'accroît tous les jours des pertes luthériennes.

Un jour le vieux pasteur espéra par un nouveau procédé arrêter cet exode désolant. Persuadé que ses ouailles étaient attirées chez nous par nos cérémonies religieuses, il voulut en introduire chez lui. Entre autres choses il voulait imposer la prière au temple tous les soirs, comme font nos chrétiens. Mais ses adeptes lui ont fait entendre que s'ils devaient imiter les catholiques, ils n'avaient qu'à passer chez eux. C'était logique.

Ce que j'ai vu et comme touché du doigt, c'est l'ardeur des catéchumènes pour apprendre le catéchisme ; et il faut le savoir, je vous assure, pour être admis au baptême. Cependant exception a été faite pour une pauvre vieille, dont la persévérance à toute épreuve a fini par vaincre la résistance qu'on lui avait d'abord opposée. Elle avait assez longtemps suivi le catéchisme ; mais, à l'examen, n'ayant pas satisfait, elle fut ajournée. Elle continua à apprendre ; hélas ! au deuxième examen, même sort qu'au premier. Sans se décourager, elle continua à suivre les instructions, car elle voulait être catholique. C'est alors que, malgré son ignorance relative, elle fut admise au baptême, et maintenant elle est une des chrétiennes ferventes d'Antsirabe.

Je termine par la séance que les écoles de la mission réunies ont donnée dimanche pour célébrer la fête du P. Prat, saint François de Sales. Il y a eu assaut de chants et de compliments, mais les petites filles dressées par les Sœurs ont eu facilement la palme. Elles nous ont joué en leur langue un petit drame palpitant. Une servante catholique a converti la jeune fille de sa maîtresse protestante. Celle-ci irritée en vient, dans une délirante exaspération, à vouloir tuer sa servante. Au moment où elle lève le bras, sa fille se précipite entre les deux, reçoit le coup fatal, tombe évanouie. La mère épouvantée se jette sur elle et l'accable de caresses. Le coup n'avait qu'effleuré la tête de l'enfant. Elles se relèvent, la petite fille saine et sauve et la mère convertie.

Antsirabe, le 23 février 1905.

Je suis enfin sorti de l'hôpital norwégien où j'étais entré, comme vous le savez, pour subir l'opération de la cataracte à l'œil droit. Dieu merci, elle a parfaitement réussi. En la terminant, le Dr Thesen, me témoignant sa satisfaction, me dit : « Bien réussi, et vous, vous avez montré une patience admirable, digne d'un ministre de Dieu. » Que dites-vous de ces bonnes paroles d'un médecin luthérien ?

L'opération n'a pas été douloureuse, bien qu'on ne m'ait pas chloroformisé, mais le Docteur avait eu soin d'insensibiliser les paupières avec la cocaïne.

Après l'opération, prestement faite, on me mit dans une obscurité absolue, en fermant mes yeux avec des compresses ; et l'on m'étendit sur un lit moelleux, avec recommandation de ne pas remuer. C'est là, mon Père, c'est dans ce bon lit que j'ai souffert comme je ne saurais l'exprimer. Si je me remuais un peu, l'infirmier qui me gardait me disait aussitôt : *Aza mihetsika*, ne remuez pas ! Il ne faisait qu'observer la consigne. Oh ! quel tourment ! Mais aussi comme j'ai médité sur l'enfer et sur le purgatoire ! Je devais rester dans cette position pendant huit jours, mais le cinquième jour, je demandai grâce. Je priai le Docteur de me permettre de m'asseoir dans un fauteuil. Il eut pitié de moi, et il y consentit à son cœur défendant. Ce fut un grand soulagement, et je me levai ainsi tous les jours.

Le huitième jour mon œil gauche fut rendu à la lumière, mais il était presque atrophié par la compression qu'il avait subie. J'y voyais à peine pour me diriger. Quant à l'autre, il restait toujours sous la compresse : la lumière l'aurait ébloui. Pendant ces huit jours, j'ai dû m'abstenir de tout aliment solide ; seulement du lait et du bouillon. Aussi n'étais-je pas fort vigoureux quand ce temps d'abstinence prit fin.

Je ne saurais vous dire, mon Père, les bons soins dont j'ai été l'objet de la part des personnes auxquelles le Dr Thesen m'avait confié. Lui même me demandait souvent si je manquais de quelque chose, si j'étais bien servi, si l'infirmier était assidu à se tenir près de moi... Je ne crois pas qu'il puisse y avoir un médecin plus bienveillant, plus soigneux pour ses malades.

Ce bon Docteur a mis le comble à son désintéressement et à sa générosité quand le R. P. Bardon est allé lui demander la note de ce que nous pouvions lui devoir. « Je ne prends rien des membres de la Mission, nous a-t-il répondu, et suis toujours disposé à les soigner (ce qu'il avait déjà fait pour deux Sœurs de Saint-Joseph qui avaient subi entre ses mains une périlleuse opération). Ce que je vous demande, ajouta-t-il, c'est que vous ayez une bonne idée de notre hôpital. » Nous y ajouterons, bien entendu, quelques bonnes prières.

A notre dernière visite, où nous lui avons renouvelé nos remercîments, il a été très aimable. « Je vais partir en congé, nous a-t-il dit, je vous verrai à Tamatave, et là j'examinerai encore votre œil. »

Tananarive, le 5 mars 1905.

Le 24 février nous quittions Antsirabe par un beau soleil. Nous y étions arrivés par le sud, venant de Fianarantsoa ; nous en partions par le nord, allant vers Tananarive. La route que nous suivions, bordée de mimosas, était fort bonne. Cependant nous ne tardâmes pas à patauger dans les rizières et les marais, parce que les ponts avaient été enlevés par les eaux sur les torrents qui traversaient la route.

Après deux heures de marche, nous sortions de la grande plaine d'Antsirabe pour entrer dans les gorges des montagnes, où les chemins ravinés par les eaux et souvent fort glissants offraient parfois de sérieuses difficultés. Mais nos intrépides porteurs nous tiraient toujours d'affaire. Une fois seulement j'ai vu le P. Bardon en danger de choir dans un bas-fond, malgré les huit hommes qui le soutenaient.

Le soir nous ne pouvions manquer d'avoir un orage. Tout à coup nos hommes s'arrêtent en disant : « *Havandra!* La grêle ! » Ils l'avaient reconnue dans le noir nuage qui s'avançait. Et les voilà se dirigeant vers un village que nous laissions de côté. Ils ne s'étaient pas trompés ; quelques instants après, la grêle tombait en effet, mais en petite quantité. Le nuage alla porter ses ravages plus loin. Pour moi c'était la première fois que je voyais la grêle depuis que j'avais quitté la France.

Nous devions passer la nuit à *Andranomalaza (Eaux célèbres)*. C'est une des plus ferventes chrétientés du P. Fontanié. Elle n'a jamais voulu admettre les protestants dans son sein. Pour arriver jusque-là, il nous fallut passer une grande rivière en pirogue, franchir des torrents sans pont et grimper par des chemins de cabris. Enfin nous y arrivons au moment où une averse commençait à tomber sur nous. Tous les habitants nous attendaient sur le chemin pour nous saluer, malgré la pluie. Le R. P. Bardon les fait entrer à l'église. Ces braves gens paraissaient tout heureux de posséder le R. P. Supérieur. Il les fait chanter, les interroge sur le catéchisme comme toujours, les félicite de leur fidélité et de leur zèle, et leur raconte mon histoire. Ensuite il les congédie en leur annonçant qu'il dirait la messe à 5 heures du matin. Bon nombre de personnes y assistèrent en effet et plusieurs firent la communion avec moi, car depuis l'opération, je ne pouvais pas dire la messe. Puis nous nous disposâmes à partir.

L'étape de ce jour devait nous conduire à *Ambatolampy* par un chemin peu commode ; car il fallait traverser de grandes rivières en pirogue. Vers 11 heures nous sommes au *Kelilalina (petit profond)*, rivière étroite et profonde en effet. De l'autre côté était le village de même nom. Le P. Fontanié nous y attendait avec ses chrétiens, disposés sur deux rangs. Tous nous saluent à la fois d'un bonjour solennel, que nous leur rendons avec plaisir.

Nous avions 18 kilomètres à faire pour arriver à *Ambatolampy*. Le P. Fontanié, sur son vaillant coursier qui vaut, nous dit-il, son pesant d'or, chevauche à côté de nous. A notre gauche se déroule à perte de vue la chaîne de l'Ankaratra, gigantesques montagnes, les plus élevées de l'île, si je ne me trompe.

Le pays est absolument nu, sauf les endroits où il y a des administrateurs ou des missionnaires, comme à *Ambatolampy*. Nous arrivons dans ce chef-lieu à 3 heures, juste avant l'orage. A travers la ville longue de plus d'un kilomètre et s'élevant par degrés, nous nous dirigeons vers l'église dont la cloche sonne à toute volée comme pour l'arrivée d'un évêque C'est là que les chrétiens nous attendent et nous reçoivent.

Le lendemain, dimanche, l'église était pleine à la messe de 6 heures. Beaucoup de personnes firent la communion; mais c'est surtout à la messe de paroisse, à 9 heures, que je vis une belle assemblée, et que j'entendis de beaux chants sous la direction d'un organiste émérite parmi tous ceux de la mission. C'est un protestant converti qui a eu le bonheur de voir la vérité et le courage de la suivre, malgré tout ce qu'on a fait pour le retenir dans l'erreur. Après la messe, le R. P. Bardon fit un long sermon comme les Malgaches les aiment ; il termina, comme tant d'autres fois, par mon histoire. Comme je m'en plaignais ensuite, « Ne voyez-vous pas, me dit-il, que c'est pour les édifier et leur donner une haute idée de leur âme ? » Il leur disait en effet : Voilà un Père qui a quitté son pays et sa famille depuis cinquante ans pour venir évangéliser les Malgaches, tant il apprécie le salut de vos âmes, etc. Je ne pouvais donc pas trop me plaindre.

Après la messe et le sermon, les chrétiens se réunirent devant la maison du Père ; et là il me fallut entendre un compliment de Pierre l'aveugle, célèbre dans toute la mission pour les services qu'il a rendus comme catéchiste, malgré son état de cécité. Il me parla d'abord au nom des chrétiens présents, heureux de voir un missionnaire qui avait évangélisé les Malgaches durant tant d'années. Parlant en son nom, il ajouta qu'il avait appris que moi aussi j'étais devenu aveugle comme lui, mais j'avais recouvré la vue, tandis que lui, hélas ! Dieu voulait qu'il restât aveugle. Cependant il se consolait en pensant qu'au ciel il y verrait clairement. Le soir, au salut, l'église était pleine comme le matin et les chants furent très beaux.

L'église, nouvellement bâtie, est fort jolie. Faute de ressources, il lui manque encore le clocher et une belle cloche ; mais le P. Fontanié espère les avoir bientôt, grâce à la générosité d'une humble bienfaitrice qui consacre à cette œuvre toutes ses économies.

Tout serait parfait si le temple calviniste n'était pas à côté cherchant à nous faire concurrence. Mais jusqu'ici la belle part est pour nous, et tout nous fait espérer que notre bercail s'élargira de plus en plus. Le P. Fontanié y travaille de toutes ses forces. Malheureusement sa santé laisse bien à désirer et ne lui permet pas de visiter, aussi souvent qu'il le voudrait, son immense district.

Le lendemain, lundi, nous partions en pousse-pousse pour Tananarive. Mais les chemins, qui sont bons en l'autre saison, sont détestables en celle-ci. Aussi, vous dire les cahots qu'il a fallu subir dans ce voyage de 60 kilomètres n'est pas possible ; ma tête aurait été bien malade si le chapeau n'avait un peu paré les chocs. A midi, nous déjeunons au milieu du chemin, appuyés sur nos véhicules. Il nous restait 32 kilomètres à faire. Nos hommes, qui s'étaient bien lestés, ne se font pas prier, car ils veulent arriver le soir à Tananarive. Les villages sont de plus en plus nombreux et accusent déjà une population considérable.

Enfin, à 6 h. 1/2 nous étions à la Mission. Mgr Cazet lui-même me reçut quand je descendis du pousse-pousse. Et comme j'étais censé malade, je fus conduit à l'infirmerie, où je reçus dès ce moment les soins les plus délicats.

Tananarive, le 12 mars 1905.

Jeudi dernier c'était grande liesse à *Ambodinandohalo*, siège, comme vous le savez, de notre Mission de Tananarive. Les missionnaires de l'Imerina s'y étaient réunis, comme ils le font tous les mois; mais cette fois ils étaient au complet, car tous avaient tenu à m'apporter le témoignage de leur fraternelle sympathie. Vous devinez le plaisir que j'ai eu de les revoir, moi qui les connais tous.

Au lieu du P. Talazac, Mgr Cazet lui-même est venu me dire la messe à l'infirmerie; Sa Grandeur a voulu donner ce témoignage d'amitié à son vieux connovice de Toulouse; j'en ai été bien touché.

La matinée s'est passée au milieu des fleurs; elles venaient un peu de tous côtés, mais surtout du magnifique parterre du P. Michel; encore un de mes connovices. Bientôt notre salle de réunion fut toute verdoyante et fleurie.

Ce jeudi-là tous les honneurs furent pour le jubilaire, et comme à Fianarantsoa, il les subit en toute simplicité. Au repas je dus prendre place entre Mgr Cazet et Mgr de Saune, puis subir des compliments sur tous les tons; vrai feu roulant de chants lyriques qui ont bien réjoui l'assemblée. Mes cinquante ans de mission ont été épluchés et, peu ou prou, tous y ont mis la main. Le clou de la séance fut le *Placet* du P. Brégère, mon ancien compagnon de Tamatave. Dans cette pièce riche en allusions fines, il proposait au R. P. Bardon la création d'un chapitre; les plus anciens de la Mission, après avoir blanchi sous le harnais, viendraient se reposer là ; le vénérable jubilaire serait leur président. Des applaudissements prolongés accueillirent les noms de ceux qui méritaient de siéger dans ce chapitre : le P. Michel, ancien Provincial, le P. Roblet, chevalier de la Légion d'honneur, le P. Gauchy, le P. Jean et bien d'autres à la barbe fleurie ; à ce titre le P. Brégère lui-même pouvait se mettre sur les rangs.

La séance prit fin par l'accolade fraternelle que je reçus de Nos Seigneurs les Evêques, de nos Pères et de nos Frères ; puis un salut solennel magnifiquement chanté, et qu'il me fut permis de donner, mit fin à cette fête de famille.

Comme souvenir, le P. Colin prit la photographie des quatre vétérans de la Mission, savoir : Mgr Cazet avec ses soixante-dix-huit ans, votre serviteur avec ses soixante-dix-sept, le P. Roblet plus jeune que moi de huit jours seulement, et le P. Michel avec ses soixante-quinze ans.

A son tour, le Collège Saint-Michel a voulu honorer mon cinquantenaire et encourager par là ceux qui font leurs premières armes dans la Mission. J'ai été fêté là-bas comme on peut l'attendre de ces jeunes professeurs ; ils savent si bien allier aux belles-lettres le talent musical !

La séance fut ouverte par le chant d'un jeune

apostolique de Bourbon; il me rappelait délicatement dans ses vers que je l'avais baptisé à Tamatave. Puis vinrent d'autres chants, des morceaux d'orchestre, des scènes comiques, celles-ci interprétées en français par les élèves indigènes ; vous auriez cru sans peine qu'ils parlaient leur langue maternelle.

Je me suis retiré bien touché, je vous l'assure, de tout ce que j'avais vu et entendu.

Tananarive, le 16 mars 1905.

Vous me permettrez de vous parler de Tananarive et de ses environs. J'ai pu les étudier un peu, grâce aux promenades agréables et toujours nouvelles que le R. P. Supérieur m'invitait à faire, tantôt avec mon neveu le P. Talazac, tantôt avec le P. Roblet, l'un et l'autre parfaits *ciceroni*.

Tananarive est, je crois, une ville qui n'a pas de semblable dans le monde entier. Figurez-vous une montagne en forme d'étoile, s'élevant à 200 mètres au-dessus de la plaine environnante, et sur les flancs de laquelle les maisons sont comme suspendues les unes au-dessus des autres. Actuellement la plupart de ces maisons sont construites en briques et couvertes en tuiles ou en tôle, tandis qu'autrefois elles étaient en terre et couvertes de chaume. Le sommet de la ville est couronné par l'ancien palais de la reine. Un peu plus loin est un autre palais à plusieurs petits dômes ; c'est celui de l'ancien premier ministre. On remarque, tout près de ce palais, un rocher à pic tristement célèbre dans l'histoire des Hovas ; de cette roche tarpéïenne on précipitait les malheureux accusés à tort ou à raison de quelque crime.

Les monuments de Tananarive ne sont pas nombreux. La cathédrale en est peut-être le principal ; elle est tout entière en pierre de taille. On dit le palais du Gouverneur général très beau à l'intérieur. En face de ce dernier s'étend un square, où s'élève un monument en bronze représentant la France protégeant Madagascar.

Depuis l'occupation française, Tananarive, comme Tamatave et d'autres villes, a été transformée ; de belles et larges rues remplacent les anciens casse-cou, dont il reste encore quelques vestiges. Maintenant on peut circuler à l'aise dans tous les sens, en se résignant toutefois à toujours monter ou à toujours descendre, quand on est dans la haute ville. Au centre, la fameuse place d'*Andohalo*, malpropre et ravinée par les pluies, est devenue un beau square ; au milieu s'élève un joli kiosque, où les musiciens du Général et du 13e viennent réjouir le public une ou deux fois par semaine. On y voit aussi sur une colonne le buste de M. Laborde, le grand Français ; ce buste sort des creusets de l'Ecole professionnelle indigène. Je pourrais encore parler du boulevard qui entoure la ville ; du marché, dit le *zoma*, parce qu'il se tient surtout le vendredi, et qui est très bien tenu ; des services publics installés dans les emplacements royaux ou des principaux personnages de l'ancien gouvernement.

La population doit être de 60 à 70,000 âmes, à en juger par l'étendue de la ville et par les flots de monde qui circulent dans les rues. On s'y coudoie en quelque sorte, mais sans qu'on voie ni mains ni bras ni jambes ; la figure paraît à peine, car tout cela est caché sous le *lamba* blanc dont se drapent les hommes comme les femmes. Il y a des exceptions ; et c'est parmi les employés du *fanjakana*, c'est-à-dire de l'Administration, et parmi quelques autres qui veulent singer les Blancs, et même les dépasser.

Voulez-vous savoir si nous sommes en sûreté à Tananarive, alors que les populations du Sud sont en pleine révolte ? Considérez les deux forts qui nous protègent, le fort Duchesne et le fort Voyron ; ils sont prêts à bombarder la ville au moindre mouvement. On pourrait même au besoin y ajouter le fort d'*Ambohidempona*, d'où furent lancés les boulets qui tombèrent sur le palais et déterminèrent la soumission de la Reine, lors de l'expédition. Vous le voyez, nous n'avons rien à craindre.

Autour de Tananarive on ne voit que des rizières (1). Un jour, allant visiter le P. Chervalier à *Fenoarivo*, je voyageai l'espace de 10 kilomètres à travers des rizières. C'est qu'il en faut du riz

(1) Dans la province de l'Imerina, il y a plus de 40,000 hectares de rizières.

pour nourrir cette population ! Malheureusement, cette année, les pluies excessives ont fait déborder les cours d'eau ; beaucoup de rizières ont été inondées et la récolte entièrement perdue.

Autrefois, les fièvres étaient à peu près inconnues à Tananarive et dans l'Imerina, au moins pour les indigènes. Mais depuis quelques années elles y ont pris racine et y causent, surtout dans certaines localités, une grande mortalité. Dans la région de Tsiafahy en particulier, au sud de Tananarive, la population a été plus que décimée. Cependant l'Administration est venue au secours de ces malheureux ; mais ceux-ci, sans énergie devant la maladie, n'ont pas même le courage de se soigner, ni d'user des remèdes qui sont à leur disposition.

Un jour, j'ai visité *Ambohipo* qui est, comme vous le savez, la campagne de la Mission, à quatre kilomètres environ de la ville. C'est là que se trouve notre école normale ; la section des maîtres d'école est dirigée par le P. Campenon ; celle des maîtresses est dirigée par les Sœurs de Saint-Joseph. J'ai eu le plaisir de voir là un verger magnifique, avec de très beaux arbres fruitiers tant de l'Europe que des pays tropicaux. On est tout heureux de rencontrer, si loin de son pays, pommiers, poiriers, cerisiers, cognassiers, pêchers, abricotiers, châtaigniers, vignes chargées de raisins, et je ne sais quoi encore qui nous rappelle la chère patrie. Cela montre que les missionnaires ne négligent pas le bien-être des indigènes. C'est dommage que si peu de Malgaches cherchent à nous imiter ; mais la routine !

Ce n'est pas sans émotion que j'ai visité à *Ambohipo* le mausolée qu'on a élevé pour les membres de la Mission tombés au champ d'honneur ; plus de quarante déjà, tous bien connus de moi, y reposent en paix. Il y a encore un bon nombre de *loculi* vides ; mais je n'y ai pas vu le mien, puisque j'ai choisi ma place à Tamatave.

En quittant *Ambohipo,* le P. Talazac et moi nous sommes allés droit à l'observatoire d'*Ambohidempona ;* le P. Colin qui le dirige nous a reçus à bras ouverts. Je ne saurais vous dire l'aimable complaisance qu'il a mise à tout nous montrer, depuis la coupole que la moindre impulsion fait rouler sur elle-même, jusqu'aux plus petits détails. C'est lui qui a fait construire l'observatoire, à la place de celui que les Hovas avaient détruit pendant la guerre ; il l'a donc construit deux fois ; lui-même a tout disposé, tout dirigé, tout installé. C'est admirable ! et dire qu'on le laisse à ses propres ressources, malgré les services qu'il rend à la science et à la colonie !

En rentrant à Tananarive, nous fûmes surpris par un orage formidable. Les coups de tonnerre faisaient bondir le cheval du P. Talazac, et les avalanches d'eau qui tombaient sur nous nous procurèrent un rafraîchissement dont nous nous serions bien passés.

Tananarive, le 22 mars 1905.

Je touche à la fin de mon voyage. Permettez-moi de vous donner un petit aperçu de ce que j'ai vu de la Mission et de ses œuvres.

Le Vicariat apostolique de Madagascar central comprend quatre centres principaux autour desquels rayonnent des districts plus ou moins nombreux : Tananarive avec deux évêques, trente missionnaires et dix-huit districts ; Fianarantsoa avec vingt-deux missionnaires et douze districts ; Ambositra avec sept missionnaires et quatre districts ; Betafo avec sept missionnaires et quatre districts.

Chaque district se divise en *fiangonana*, c'est-à-dire en chrétientés, dont la principale est celle où réside ordinairement le Père missionnaire. Chaque *fiangonana* a son maître et souvent sa maîtresse d'école. Celle-ci est autant que possible la femme de l'instituteur. Quand l'un fait la classe aux garçons, l'autre la fait aux jeunes filles. C'est le maître d'école qui remplit le plus souvent les fonctions de catéchiste et réunit les chrétiens à l'église le dimanche pour prier, chanter, et entendre l'explication de l'évangile. C'est encore lui qui prépare les catéchumènes au baptême et les néophytes à la première communion. Le Père, chef du district, visite successivement les divers *fiangonana*, pour compléter l'instruction des candidats et administrer les sacrements. Or, ces chrétientés, dont le nombre varie de trente à quatre-vingts pour un seul Père, il ne faut pas croire qu'elles soient tout près de sa demeure. J'en ai vu qui sont à 60 kilomètres. Pour s'y rendre, les chemins sont peu commodes. Le plus souvent ce ne sont que des sentiers à travers la brousse, ou même à travers les rizières, et le moindre faux pas peut vous jeter dans l'eau et la boue.

Il y a souvent de grandes rivières à traverser, comme nous en avons vu dans notre voyage. On les passe, le cavalier en pirogue et la monture à la nage, mais non sans quelque danger pour l'un ou pour l'autre.

Il n'est pas étonnant après cela que les missionnaires tombent malades, et qu'ils soient obligés de se rendre à Tananarive ou au chef-lieu de la Mission pour se soigner. J'en ai vu plusieurs arriver ainsi clopin-clopant avec la fièvre ou une forte bronchite.

Oui, je les ai vus à l'œuvre, ces intrépides missionnaires auxquels je portais envie, regrettant d'être trop vieux pour pouvoir partager leurs travaux. Ah ! me suis-je dit bien des fois, si nos bons curés de France, qui n'ont à s'occuper que de leur paroisse, pouvaient voir de leurs yeux ce que font nos missionnaires et la peine qu'ils se donnent pour étendre le règne de Dieu, ils seraient bien étonnés et ils ne pourraient y croire. Mais Dieu récompense ces ouvriers infatigables, en fécondant leurs travaux par la conversion de beaucoup d'adultes et par la ferveur de leurs ouailles, dont la foi toute nouvelle s'affermit de plus en plus.

Il y a quelque temps, un missionnaire nouvellement arrivé disait : On s'étonne en France que tant de missionnaires bornent leur zèle à l'intérieur et n'aillent pas dans toute l'île pour y porter l'Evangile. Eh bien ! ceux qui parlent ainsi n'ont qu'à venir voir ce qui se passe ici, et ils ne tarderont pas à tenir un autre langage. Il faut savoir en effet que notre Mission s'étend sur un immense pays dans l'intérieur et que la population est très dense sur les hauts plateaux. Nous sommes loin encore d'avoir des *fiangonana* dans toutes les localités, malgré l'appel réitéré de ceux qui voudraient passer chez nous. Mais, parce que « qui trop embrasse mal étreint », on ne peut répondre à leurs désirs. Car tout n'est pas de faire des chrétiens, il faut encore les guider, les fortifier dans leur foi et entretenir leur ferveur ; d'autant que vivant au milieu des protestants et conservant encore le souvenir de leurs anciennes superstitions, ils seraient exposés à se relâcher si le Père ne les visitait assez souvent.

Une autre raison pour laquelle on se borne à travailler dans l'intérieur, c'est que les populations de l'Imerina, du Betsileo et de l'Ankaratra sont bien disposées pour l'Evangile ; tandis que les autres tribus, vous le savez bien, n'en veulent guère. Il n'y a qu'à voir en effet ce qui se passe dans les autres missions de l'île, comme chez nos Betsimisaraka où l'on ne peut avoir d'action que sur les enfants des écoles.

Je vous ai déjà dit que les maîtres et les maîtresses d'école employés par la Mission sont formés dans deux Ecoles normales, l'une à Tananarive, l'autre à Fianarantsoa. Sans négliger les sciences élémentaires qu'ils doivent enseigner à leurs élèves, on les instruit surtout sur la religion, afin qu'ils puissent à leur tour instruire les chrétiens, les préparer aux sacrements; car ils sont dans les *fiangonana* comme les vicaires du missionnaire. Tous les mois, ordinairement le premier vendredi, ils se réunissent au chef-lieu du district pour y faire leurs dévotions, entendre une instruction, et recevoir leur petit pécule.

Vous me demanderez sans doute comment Mgr Cazet peut suffire à tant de frais et soutenir toutes les œuvres de la Mission, car enfin ses ressources ont été bien réduites par la création de deux autres vicariats apostoliques. Evidemment Sa Grandeur ne pourrait supporter tant de charges, si les chrétiens ne venaient à son aide de plusieurs manières : les uns construisent eux-mêmes leur église, leur école, la demeure du Père; d'autres entretiennent leur instituteur et donnent des secours en nature ou en argent. Quelques anciens élèves de Tananarive se sont cotisés pour fournir à l'entretien de trois Frères. Mais, malgré la générosité des chrétiens, en général très pauvres, Monseigneur a bien des difficultés pour soutenir ses œuvres. Aussi est-il obligé d'être sourd aux sollicitations qu'on lui adresse pour la création de nouveaux *fiangonana*.

Je vous ai parlé de Fianarantsoa, d'Ambositra, d'Antsirabe, en vous écrivant de ces diverses localités. Mais c'est Tananarive qui est encore le chef-lieu de toute la Mission, possédant à ce titre les deux vicaires apostoliques : Mgr Cazet et son coadjuteur, Mgr de Saune. La ville est divisée en six paroisses, dont la principale, cela va sans dire, est la cathédrale. Son école de garçons, qui a plus de mille élèves, est dirigée par les Frères ; et celle des jeunes filles par les Sœurs de Saint-Joseph de Cluny, qui ont de plus un ouvroir bien fréquenté. La cathédrale, vrai monument pour ce pays-ci, possède non pas un simple harmonium comme les autres églises, mais de vraies orgues. C'est le P. Colin qui les a installées, Dieu sait avec quelle peine ! et c'est lui qui les tient tous les dimanches.

Les cinq autres paroisses, dans les quartiers populeux d'*Ambohimitsimbina*, d'*Ambavahadimitafo*, de *Mahamasina*, d'*Ambatonilita* et de *Faravohitra*, ont chacune leur église. Cette dernière cependant n'a encore qu'une chapelle. On construira une belle église quand les ressources le permettront. Entre les cinq églises, je signalerai particulièrement celle d'*Ambavahadimitafo* qui est un vrai bijou (pour Madagascar) et celle de

Mahamasina qui est dans le genre de celle de Tamatave, construite en bois, comme elle, mais plus éclairée et plus élégante. Chacune de ces paroisses a son Père curé qui y réside, et ses écoles, dirigées, celles des jeunes filles par les Sœurs, celles des garçons par des instituteurs choisis.

Dans toutes les églises où j'ai assisté aux offices, le dimanche, j'ai été surpris de voir tant de chrétiens de l'un et de l'autre sexe, s'approcher de la sainte Table; et cela avec un ordre admirable. La dévotion et la ferveur sont ici comme partout le privilège de certaines âmes. On ne doit donc pas s'étonner si on en remarque plus dans certaines chrétientés que dans d'autres. Dans tous les *fiangonana* on a l'habitude de sonner la prière du soir, à laquelle assistent les élèves de l'école et les chrétiens fervents. Il y a même des chrétientés, où, m'a-t-on dit, cette pratique est observée par presque tous les fidèles, ce qui est bien édifiant.

J'ai eu plusieurs fois l'occasion de vous parler du chant religieux dans les églises. Je ne puis m'empêcher de revenir encore sur ce sujet, car le chant tient une place d'honneur dans l'exercice de la religion à Madagascar. Tous les étrangers qui ont eu l'occasien d'assister à nos offices, particulièrement dans les églises principales de la Mission, sont unanimes à en faire l'éloge. Ce qui donne cette bonne impression, c'est d'entendre tous ces chrétiens, hommes et femmes, chanter avec un entrain et un accord admirables. La plupart ont appris ces chants à l'école, et ils sont heureux de continuer à mêler leurs voix à celles de ceux qui sont venus après eux. Ici, point de respect humain. Les chrétiens se font gloire de rehausser par leurs chants l'éclat des cérémonies religieuses. Je ne saurais oublier le magnifique salut auquel j'assistai à *Mahamasina* le jour de la fête de saint Joseph. Le chant me ravit à ce point que je crois n'en avoir jamais entendu de plus beau.

Vous savez l'amour des Malgaches pour les cérémonies religieuses, et avec quel plaisir ils y assistent, même quand elles se prolongent considérablement. On voit même des protestants, qui en sont privés chez eux, venir à l'église catholique pour les voir, et il est très probable que c'est là pour plus d'un le point de départ de la conversion.

Ce que j'ai aussi observé partout, c'est la confiance que les missionnaires inspirent aux chrétiens, et la satisfaction que ceux-ci leur témoignent quand ils en sont visités. Le missionnaire est, comme ils disent, leur *ray aman-dreny*, *leur père et mère*.

En vous racontant ce qui a été fait le 9 mars dernier à l'occasion de mon cinquantenaire, je vous disais que c'était le jour de réunion mensuelle. C'est qu'en effet, une fois le mois, ordinairement le premier mardi, les Pères de la Mission se réunissent au chef-lieu dont ils dépendent, Tananarive, Fianarantsoa, Ambositra ou

Betafo. Ils viennent pour un ou deux jours rompre leur isolement, heureux de se revoir les uns les autres et de parler la langue de la patrie, car il va sans dire que le français est encore presque inconnu dans leurs districts. Ils viennent aussi régler leurs petites affaires, et recevoir les menus subsides qui leur sont alloués pour l'entretien de leurs œuvres. Alors ils s'en retournent animés d'un nouveau courage pour se dévouer au salut de leurs ouailles.

Mais il est temps que je finisse. Je vous dirai donc en terminant que, mon voyage n'aurait-il eu d'autre résultat que de me faire connaître la Mission dans toute son activité, je remercierais Dieu infiniment de m'avoir donné l'occasion de le faire; et je devrais une reconnaissance sans bornes à Mgr Cazet et au R. P. Bardon de me l'avoir procurée.

Au R. P. Bardon, Supérieur général.

Tamatave, le 24 mai 1905.

En retournant à Tamatave, j'espérais que ce qui avait été fait à Tananarive et à Fianarantsoa pour célébrer mon cinquantenaire de mission aurait suffi amplement, et que ce serait bien fini. Mais j'avais compté sans la charité du R. P. Freydier qui a voulu que Tamatave eût son tour, et je dois vous avouer, mon Révérend Père, que cette fête m'a été particulièrement agréable ; parce que ici, avec les membres de la Mission (Pères, Frères et Sœurs), les anciens élèves et les vieux colons et amis de Tamatave m'ont donné le témoignage de leur sympathie.

On avait invité les anciens élèves, pour le dimanche 21 mai, à se réunir chez les Frères après la messe de 8 heures. Ils n'y ont pas manqué, et j'ai eu la joie de me trouver au milieu de trente à quarante jeunes gens, dont la figure épanouie montrait bien qu'ils avaient autant de plaisir d'avoir répondu à l'appel qu'on leur avait adressé, que moi de les voir et de leur serrer la main. Beaucoup, qui n'avaient pu se joindre à leurs camarades, avaient écrit leurs regrets en termes fort touchants.

Ceux qui étaient présents m'ont offert en cadeau un réveil de prix. Pourquoi un réveil? C'est là... comment dire?... une petite manœuvre du P. Monferran. Indécis sur l'objet qui pourrait me faire plaisir, ces jeunes gens consultèrent le bon Père, qui devait me fournir un réveil parce que le mien s'était mis à battre la campagne pendant mon voyage. Le P. Monferran, en procureur avisé, leur répondit qu'un réveil me serait bien agréable, puisque depuis mon retour je n'avais que les coqs du voisinage pour me réveiller le matin. Et voilà pourquoi on m'offrit un réveil. Le cher Frère Directeur, en me le présentant au nom de tous, me dit aimablement que le tic-tac de ce réveil me rappellerait sans cesse le tic-tac de leurs cœurs qui battent à l'unisson du mien.

Les vieux colons et amis avaient été invités à une séance que les élèves des Frères devaient donner dans la soirée. Ces messieurs ont parfaitement répondu à notre invitation. On a trouvé la séance des chers Frères charmante : morceaux bien choisis et variés, et pas le moindre accroc.

Immédiatement après, à la Mission, réunion tout intime d'une trentaine de vieux colons et amis. Tout s'est bien passé, trop bien pour ce qui me concerne, obligé que j'étais de recevoir à brûle-pourpoint des toasts qui m'auraient accablé, si je n'avais pas eu les épaules assez fortes pour y résister. Je ne vous dis rien des poignées de main que j'ai reçues ; j'en avais la main un peu endolorie. Enfin, ces messieurs ont été on ne peut plus aimables.

Le soir, à table, alors que nous étions en petit comité, le R. P. Freydier a lu les paroles paternelles que le T. R. Père Général m'adressait par son intermédiaire, en me donnant sa bénédiction. Que pouvais-je désirer de plus précieux !

Les chers Frères et les bonnes Sœurs ont eu leur large part à cette fête, je dirai même qu'ils en ont été les principaux auteurs. Je vous ai dit un petit mot de la séance des chers Frères. Le lendemain, c'était le tour des bonnes Sœurs, le matin à l'école gratuite et le soir à l'école payante. De part et d'autre on ne saurait mieux faire pour accabler le patient de coups sans cesse répétés. Je m'y attendais, de sorte que j'ai pu me prémunir pour les faire passer à côté.

A l'école gratuite, une jeune Betsimisaraka a lu une longue et belle pièce en vers, œuvre du noble cœur de M. Basiège ; elle l'a fait avec un brio que je n'aurais jamais supposé. En voyant les décors, et en admirant la perfection d'exécution que les bonnes Sœurs de l'école gratuite avaient su donner à tout et à toutes, je me demandais si et comment, de l'autre côté, on pourrait faire mieux ou du moins aussi bien. J'étais bien bon de me préoccuper. Mère Laurentia était prête. D'abord un petit théâtre charmant, où se détachait dans le fond un immense J. H. S. largement dessiné et avec un goût parfait. Le reste à l'avenant et très bien fait pour encadrer les scènes gracieuses qui allaient se dérouler sous nos yeux.

C'est d'abord un petit bataillon de têtes blondes de tout jeunes garçonnets de trois à six ans. Ils ont entendu dire qu'on fête mon cinquantenaire, ils ont hâte de venir me montrer que cet anniversaire ne les laisse pas indifférents. Pauvres petits ! Combien ignorent ce qu'est un cinquantenaire ! Combien n'atteindront même pas cinquante ans ! C'est ensuite *Mademoiselle Martin-Bâton*, puis *le Temps* (monologue), suivi d'une jolie scène que j'intitulerais : *Les espérances de la France ;* le tout, encore une fois, choisi avec beaucoup de goût et parfaitement rendu. Il était évident que dans l'une et l'autre école, maîtresses et élèves y avaient mis non seulement toute leur bonne volonté, mais encore le meilleur de leur cœur. — Vous me pardonnerez, mon Révérend Père, ces longs détails : les vieux ont tant de plaisir parmi les petits !

Je ne vous parle pas des témoignages isolés de sympathie qui m'ont été donnés à l'occasion de cette fête ; mais je ne saurais oublier de vous dire que le P. Fortineau, de la Congrégation du Saint-Esprit, missionnaire à Fénérive, et le P. Hugues, Prémontré, missionnaire à Sainte-Marie, ont eu l'extrême amabilité de venir tout exprès pour m'offrir leurs vœux et leurs compliments. Le P. Hugues était même porteur d'une adresse signée par les principaux catholiques de l'île. Ce témoignage du bon cœur de ces braves gens m'a bien touché.

Les bouquets ont aussi afflué nombreux samedi, dimanche et encore lundi. Parmi les cadeaux, un superbe bréviaire in-4° en deux volumes que je prenais pour deux énormes dictionnaires. Je pourrai donc reprendre la récitation du bréviaire, à ma grande satisfaction, quand j'aurai les lunettes spéciales que j'attends.

L'Eglise dans toute sa splendeur a fait comprendre aux fidèles que la religion n'était pas étrangère à cette fête. Aussi à la messe que j'ai dite, lundi à 7 heures, y avait-il assez de monde, outre les écoles. Le temps pluvieux en avait arrêté quelques-uns. Presque tous ceux qui étaient présents ont fait la sainte communion.

Vous désirez sans aucun doute, mon Révérend Père, avoir des nouvelles de mon œil, vous qui, avec Monseigneur, avez tout fait pour me le rendre. Je vous dirai d'abord que nous avons vu ici le bon docteur Thesen, qui a bien voulu accepter de venir déjeuner avec nous. Mon œil est, paraît-il, dans un état parfait. Cela veut dire sans doute qu'il s'achemine peu à peu et régulièrement vers la lumière. Que mes lunettes arrivent et je pourrai lire. En attendant, je récite toujours mon rosaire et je dis ordinairement la messe *de Beata*. Cependant, lundi, j'ai pu dire la messe de saint Venance après m'y être préparé.

J'achève enfin cette longue lettre. Je vous ai donné tous ces détails pour faire plaisir à votre cœur de père, aussi simplement que j'avais raconté dans mes lettres au bon Père Supérieur d'ici les péripéties de mon long voyage à travers la Mission. Tout cela A. M. D. G.

Abbeville. — Imprimerie F. PAILLART.

www.ingramcontent.com/pod-product-compliance
Ingram Content Group UK Ltd.
Pitfield, Milton Keynes, MK11 3LW, UK
UKHW022138190726
13855UKWH00003B/1220

9 782012 720572